Danappa Pattar

Modèles de maîtrise de l'information pour les communautés rurales

Danappa Pattar

Modèles de maîtrise de l'information pour les communautés rurales

ScienciaScripts

Imprint

Any brand names and product names mentioned in this book are subject to trademark, brand or patent protection and are trademarks or registered trademarks of their respective holders. The use of brand names, product names, common names, trade names, product descriptions etc. even without a particular marking in this work is in no way to be construed to mean that such names may be regarded as unrestricted in respect of trademark and brand protection legislation and could thus be used by anyone.

Cover image: www.ingimage.com

This book is a translation from the original published under ISBN 978-613-9-81526-5.

Publisher:
Sciencia Scripts
is a trademark of
Dodo Books Indian Ocean Ltd. and OmniScriptum S.R.L Publishing group
Str. Armeneasca 28/1, office 1, Chisinau MD-2012, Republic of Moldova, Europe
Printed at: see last page
ISBN: 978-620-5-38508-1

Copyright © Danappa Pattar
Copyright © 2022 Dodo Books Indian Ocean Ltd. and OmniScriptum S.R.L Publishing group

CONTENU

CHAPITRE - 1 INTRODUCTION

La maîtrise de l'information a été proposée pour la première fois par M. Paul Zurkowski, président de l'Information Industry Association of the United States en 1974. La maîtrise de l'information est définie comme "la compétence à utiliser l'information, à étudier la technologie de l'information et à mouler des solutions d'information aux problèmes" (Loertsue, 1999).

Le rapport final du Comité présidentiel sur la maîtrise de l'information de l'American Library Association (ALA) déclare : " Pour maîtriser l'information, une personne doit être capable de reconnaître quand elle a besoin d'information et avoir la capacité de localiser, d'évaluer et d'utiliser efficacement l'information nécessaire " (1989).

La maîtrise de l'information donne aux citoyens les moyens de prendre de meilleures décisions critiques pour réaliser leur plein potentiel, et elle permet aux pays de soutenir leur développement politique, économique et social (Horton, 2013).

La Proclamation d'Alexandrie (2005) décrit la maîtrise de l'information et l'apprentissage tout au long de la vie comme les " phares de la société de l'information, éclairant les voies du développement, de la prospérité et de la liberté ". La maîtrise de l'information permet aux personnes de tous horizons de rechercher, d'évaluer, d'utiliser et de créer des informations de manière efficace pour atteindre leurs objectifs personnels, sociaux, professionnels et éducatifs. C'est un droit humain fondamental dans un monde numérique et elle favorise l'inclusion sociale dans toutes les nations."

CHAPITRE - 2 : CONCEPT DE LA MAÎTRISE DE L'INFORMATION

Selon l'ACRL (2000), la maîtrise de l'information est un ensemble d'aptitudes exigeant des individus qu'ils " reconnaissent quand l'information est nécessaire et qu'ils aient la capacité de localiser, d'évaluer et d'utiliser efficacement l'information nécessaire ". La maîtrise de l'information, quant à elle, est un cadre intellectuel permettant de comprendre, de trouver, d'évaluer et d'utiliser l'information - des activités qui peuvent être accomplies en partie par la maîtrise des technologies de l'information, en partie par des méthodes d'investigation solides, mais surtout par le discernement et le raisonnement critiques. La maîtrise de l'information permet d'initier, de soutenir et d'étendre l'apprentissage tout au long de la vie grâce à des capacités qui peuvent faire appel aux technologies, mais qui en sont en fin de compte indépendantes.

Le Chartered Institute of Library and Information Professionals (CILIP) du Royaume-Uni définit la maîtrise de l'information comme suit : " Savoir quand et pourquoi vous avez besoin d'une information, où la trouver, et comment l'évaluer, l'utiliser et la communiquer de manière éthique " (CILIP, 2011).

En conséquence, la maîtrise de l'information est définie comme "un ensemble d'aptitudes exigeant des individus qu'ils sachent reconnaître quand une information est nécessaire et qu'ils aient la capacité de localiser, d'évaluer et d'utiliser efficacement l'information nécessaire" (ACRL, 2000).

- Un individu maîtrisant l'information est capable de ;

- déterminer l'étendue et la nature des informations nécessaires

- accéder aux informations nécessaires de manière efficace et efficiente

- évaluer les informations et leurs sources de manière critique

- intégrer les informations sélectionnées dans sa base de connaissances

- utiliser efficacement les informations pour atteindre un objectif spécifique

- comprendre les enjeux économiques, juridiques et sociaux liés à l'utilisation de l'information

- accéder aux informations et les utiliser de manière éthique et légale.

Sur la base de cette définition, des variables ont été identifiées pour mesurer les compétences en VA des agriculteurs.

L'éducation et la formation tout au long de la vie

L'UNESCO, l'OCDE et les institutions de l'Union européenne ont été les principaux défenseurs de l'idée que "l'apprentissage est un processus tout au long de la vie et que toute l'éducation devrait être organisée autour de ce principe" (Schuetze, 2006, 289).

Apprentissage informel

La première caractéristique de l'apprentissage tout au long de la vie est qu'il englobe à la fois les types d'éducation et de formation formels et non formels/ informels.

L'apprentissage formel comprend le système scolaire hiérarchiquement structuré qui va de l'école primaire à l'université et les programmes organisés de type scolaire créés dans les entreprises pour la formation technique et professionnelle. Alors que l'apprentissage informel décrit un processus tout au long de la vie par lequel les individus acquièrent des attitudes, des valeurs, des compétences et des connaissances à partir de l'expérience quotidienne et des influences et ressources éducatives de leur environnement, de la famille et des voisins, du travail et du jeu, du marché, de la bibliothèque et des médias de masse. [Conner, 2009].

Apprentissage auto-motivé

L'accent est mis sur la nécessité pour les individus de prendre la responsabilité de leur propre apprentissage. Les apprenants tout au long de la vie ne sont donc pas définis par le type d'éducation ou de formation dans lequel ils sont impliqués, mais par les caractéristiques personnelles qui mènent à cette implication. Cassandra B. Whyte a souligné l'importance du locus de contrôle et de la réussite scolaire [Whyte, 1978] [Lauridsen et Whyte1980] Les caractéristiques personnelles des individus qui sont les plus susceptibles de participer à l'apprentissage, de manière formelle ou informelle tout au long de leur vie, ont acquis :

- Les compétences et les attitudes nécessaires à l'apprentissage, en particulier les compétences en matière de lecture, d'écriture et de calcul ;

- la confiance en soi pour apprendre, y compris un sentiment d'engagement envers le système d'éducation et de formation ; et la volonté et la motivation d'apprendre.

CHAPITRE - 3 : MODÈLES DE MAÎTRISE DE L'INFORMATION

Une fois que la nécessité de la maîtrise de l'information est établie, il est nécessaire de rechercher un modèle approprié qui fournisse un cadre pour évaluer l'état des compétences en maîtrise de l'information au sein de la population étudiée et concevoir la méthodologie pour offrir une formation à la maîtrise de l'information. Parmi les modèles importants, on peut citer :

1   SCONUL Les sept piliers de la maîtrise de l'information ;

2   Modèle Big6 (compétences en maîtrise de l'information pour tous) ;

3   Modèle d'autonomisation 8 ;

4   Modèle de recherche de Stripling et Pitts ;

5   le modèle SAUCE de maîtrise de l'information ; et

6   Le modèle de processus de recherche d'information de Kulthau.

Modèle SCONUL

Le groupe de travail du SCONUL sur la maîtrise de l'information a publié en 1999 "Information skills in higher education : a SCONUL position paper" (SCONUL, 1999). Depuis lors, le modèle a été adopté par les bibliothécaires et les enseignants du monde entier pour les aider à transmettre les compétences informationnelles à leurs apprenants. Compte tenu de l'évolution de la société, il a été estimé que si les principes de base qui sous-tendent le modèle original des sept piliers restent valables, le modèle devait être actualisé et élargi pour refléter plus clairement l'éventail des différentes terminologies et des différents concepts que nous comprenons aujourd'hui sous le nom de "maîtrise de l'information". Afin que le modèle soit pertinent pour différentes communautés d'utilisateurs et différents âges, le nouveau modèle est présenté comme un modèle générique "de base" pour l'enseignement supérieur, auquel une série de "lentilles", représentant les différents groupes d'apprenants, peut être appliquée (www.sconul.ac.uk).

Le modèle modifié comprend les compétences suivantes.

1. Identifier

2. Portée

3. Plan

4. Rassembler

5. Évaluer

6. Gérer

7. Présent.

Modèle Big 6 (Compétences en maîtrise de l'information pour tous)

Le modèle Big 6 a été développé par Mike Eisenberg et Bob Berkowitz. Le Big6 est l'approche la plus connue et la plus utilisée au monde pour enseigner les compétences en matière d'information et de technologie. Utilisé dans des milliers d'écoles de la maternelle à la 12e année, d'établissements d'enseignement supérieur et de programmes de formation d'entreprises et d'adultes, le modèle Big6 de résolution des problèmes d'information est applicable chaque fois que des personnes ont besoin d'informations et les utilisent. Le Big6 intègre les compétences de recherche et d'utilisation de l'information ainsi que les outils technologiques dans un processus systématique permettant de trouver, d'utiliser, d'appliquer et d'évaluer l'information pour des besoins et des tâches spécifiques.

Les 6 grandes compétences sont :

1.   Définition des tâches

1.1   Définir le problème de l'information

1.2   Identifier les informations nécessaires

2.   Stratégies de recherche d'informations

2.1   Déterminer toutes les sources possibles

2.2   Sélectionner les meilleures sources

3.   Localisation et accès

3.1   Localiser les sources (intellectuellement et physiquement)

3.2   Trouver des informations dans les sources

4.   Utilisation des informations

4.1   Engager (par exemple, lire, entendre, regarder, toucher)

4.2   Extraire les informations pertinentes

5.   Synthèse

5.1   Organiser à partir de sources multiples

5.2   Présenter l'information

6.   Évaluation

6.1   Juger le produit (efficacité)

6.2   Juger le processus (efficacité)

Empowering8 Model (Modèle de compétences en maîtrise de l'information des étudiants)

Le modèle Empowring8 a été développé lors de l'atelier organisé conjointement par l'IFLA-ALP et le National Institute of Library and Information Science (NILIS), Sri-Lanka. Au cours de cet atelier, les participants internationaux et sri-lankais ont travaillé à l'élaboration du modèle Empowring8 de maîtrise de l'information. Ce modèle se compose de 8 éléments et résultats d'apprentissage et aide les étudiants à démontrer et à développer leur capacité à :

1.   Identifier

2.   Explorez

4.   Organiser

5.   Créer

6.   Présent

7.   Évaluer

8.   Appliquer

Modèle SAUCE (pour les étudiants et le commun des mortels)

Ce modèle cible très fortement l'attente que les apprenants utilisent l'information de manière pratique. Le modèle se concentre sur la solution et sur la communication par l'apprenant de la solution finale, des décisions, de la réflexion et des justifications, au lieu de communiquer les informations recueillies. Ainsi, le processus vise la "célébration de la compréhension" plutôt que la "célébration de ce qui a été trouvé" (http://ictnz.com/index.htm).

Modèle de recherche de Stripling et Pitts Barbara Stripling et Judy Pitts ont élaboré une taxonomie et un processus de recherche en 10 étapes, axés sur une réflexion de haut niveau, ce qui permet d'obtenir des produits de meilleure qualité. Les questions de réflexion pour les étapes du processus encouragent une approche réfléchie de la recherche **(http://drbmorris.weebly.com/).**

La taxonomie adoptée est la suivante :

•   Rappeler

- Explication de

- Analyse de

- Relever le défi

- Transformer

- Synthèse

Le processus de recherche en dix étapes

1. Choisissez un sujet large

2. Obtenir une vue d'ensemble du sujet

3. Précisez le sujet

- Point de réflexion : Mon sujet est-il bon ?

4. Développer une thèse ou une déclaration d'intention

- Point de réflexion : Ma thèse, mon énoncé ou mon objectif représentent-ils un concept global efficace pour ma recherche ?

5. Formuler des questions pour guider la recherche

- Point de réflexion : Les questions posées constituent-elles une base pour ma recherche ?

6. Planifier la recherche et la production

- Point de réflexion : Le plan de recherche/production est-il réalisable ?

7.   Trouver, analyser et évaluer les sources

- Point de réflexion : Mes sources sont-elles utilisables et adéquates ?

8.   Évaluer les preuves, prendre des notes et compiler une bibliographie.

- Point de réflexion : Ma recherche est-elle terminée ?

9.   Établir des conclusions, organiser les informations dans un plan

- Point de réflexion : Mes conclusions sont-elles fondées sur des preuves documentaires ? Mon plan organise-t-il logiquement les conclusions et les preuves ?

10.   Créer et présenter le produit final

- Point de réflexion : Mon document/projet est-il satisfaisant ?

Parmi ces modèles, le modèle Big 6, les sept piliers de la maîtrise de l'information de SCONUL, le modèle Empowering 8 et le modèle SAUCE ont été jugés appropriés pour évaluer l'état des compétences en maîtrise de l'information de l'homme ordinaire. Cependant, étant donné qu'aucun de ces modèles n'a été développé en tenant compte exclusivement de la communauté rurale, le chercheur a développé son propre modèle pour les besoins de l'étude en utilisant le cadre général des modèles mentionnés ci-dessus et le modèle proposé est appelé Modèle de maîtrise de l'information pour la communauté rurale.

CHAPITRE - 4 : MODÈLE DE MAÎTRISE DE L'INFORMATION POUR LA COMMUNAUTÉ RURALE

La maîtrise de l'information est importante pour tous les êtres humains et tous les individus et familles qui vivent dans les zones rurales ont besoin de compétences et de connaissances sophistiquées en matière de maîtrise de l'information pour profiter des avantages agricoles et autres, par exemple pour demander des cartes BPL, des prêts agricoles, des assurances, des services gouvernementaux ou des prêts étudiants, pour gérer leurs soins de santé, leurs finances et leurs investissements de retraite, pour participer au processus politique et pour faire les choix qui affectent leur vie.

Les étapes suivantes sont identifiées pour les communautés rurales qui sont impliquées dans l'évaluation du statut de la maîtrise de l'information de la communauté rurale : Ces modèles servent à évaluer l'état actuel des compétences en maîtrise de l'information de la communauté rurale (Danappa, 2016).

Étape - 1 : Identification du besoin d'information

Étape - 2 : Découvrir les sources d'information pertinentes

Étape - 3 : Évaluation des informations recueillies

Étape - 4 : Utilisation des informations pour accomplir la tâche

Étape - 5 : Évaluation du niveau de satisfaction

CHAPITRE - 5 : STANDARDS DE LA MAÎTRISE DE L'INFORMATION

Les normes de formation à la maîtrise de l'information donnent les lignes directrices pour construire ou formuler un programme de formation à la maîtrise de l'information et les résultats attendus après avoir suivi la formation.

1. Normes ANZIL (Bundy, 2004)

2. Normes de l'ACRL (ACRL, 2000)

3. Normes IL publiées par l'IFLA (Lau, 2006)

4. Normes de l'AASL(AASL, 1998).

Normes ANZIL

Le cadre australien et néo-zélandais de la maîtrise de l'information est dérivé, avec l'autorisation de l'Association of College and Research Libraries (ACRL), des normes de compétences en maîtrise de l'information pour l'enseignement supérieur. Ce cadre fournit les principes, les normes et les pratiques qui peuvent soutenir l'enseignement de la maîtrise de l'information dans tous les secteurs de l'éducation. Dans ces secteurs, la maîtrise de l'information a été généralement définie comme une compréhension et un ensemble d'aptitudes permettant aux individus de reconnaître quand l'information est nécessaire et d'avoir la capacité de localiser, d'évaluer et d'utiliser efficacement l'information nécessaire.

Dans un contexte plus large, les personnes maîtrisant l'information ont été décrites comme étant celles qui savent quand elles ont besoin d'une information, et sont ensuite capables d'identifier, de localiser, d'évaluer, d'organiser et d'utiliser efficacement l'information pour aborder et aider à résoudre des questions et des problèmes personnels, professionnels ou sociaux plus larges (Bundy, 2004).

Personnes maîtrisant l'information :

- Reconnaître un besoin d'information.

- Déterminer l'étendue des informations nécessaires.

- Accéder efficacement aux informations.

- Évaluer de manière critique les informations et leurs sources.

- Classer, stocker, manipuler et reformuler les informations collectées ou générées.

- Incorporer les informations sélectionnées dans leur base de connaissances.

- Utiliser efficacement les informations pour apprendre, créer de nouvelles connaissances, résoudre des problèmes et prendre des décisions.

- Comprendre les enjeux économiques, juridiques, sociaux, politiques et culturels de l'utilisation de l'information.

- Accéder et utiliser l'information de manière éthique et légale.

- Utiliser l'information et la connaissance pour une citoyenneté participative et une responsabilité sociale.

• Faire l'expérience de la maîtrise de l'information dans le cadre de l'apprentissage autonome et de l'apprentissage tout au long de la vie.

Le cadre de maîtrise de l'information de l'Australie et de la Nouvelle-Zélande repose sur quatre principes fondamentaux. Ces principes sont les suivants : les personnes maîtrisant l'information

• S'engager dans un apprentissage indépendant en construisant un nouveau sens, une nouvelle compréhension et de nouvelles connaissances.

• Tirer satisfaction et épanouissement personnel de l'utilisation judicieuse des informations.

• Rechercher et utiliser, individuellement et collectivement, des informations pour la prise de décision et la résolution de problèmes afin de répondre à des questions personnelles, professionnelles et sociétales.

• Faire preuve de responsabilité sociale en s'engageant à apprendre tout au long de la vie et à participer à la vie de la communauté.

Norme 1 : La personne maîtrisant l'information reconnaît le besoin d'information et détermine la nature et l'étendue de l'information nécessaire.

Résultats de l'apprentissage,

• Définir et articuler le besoin d'information

- Comprendre l'objectif, la portée et la pertinence d'une variété de sources d'information.

- Réévalue la nature et l'ampleur du besoin d'information

- Utilise diverses sources d'information pour prendre des décisions éclairées.

Standard -2 : La personne maîtrisant l'information trouve les informations nécessaires de manière efficace et efficiente.

Résultats d'apprentissage,

- Choisir les méthodes ou les outils les plus appropriés pour trouver des informations

- Construire et mettre en œuvre des stratégies de recherche efficaces

- Obtenir des informations en utilisant des méthodes appropriées

- Se tenir au courant des sources d'information, des technologies de l'information et des outils d'accès à l'information - méthodes d'enquête.

Standard -3 : La personne maîtrisant l'information évalue de manière critique l'information et le processus de recherche d'information.

Résultats d'apprentissage,

- Évaluer l'utilité et la pertinence des informations obtenues.

- Définir et appliquer les critères d'évaluation de l'information

- Réfléchit au processus de recherche d'informations et révise les stratégies de recherche si nécessaire.

Norme -4 : La personne maîtrisant l'information gère les informations collectées ou générées.

Résultats d'apprentissage,

- Enregistre les informations et leurs sources.

- Organise (ordonne/classe/stocke) les informations.

Standard -5 : La personne maîtrisant l'information applique des informations antérieures et nouvelles pour construire de nouveaux concepts ou créer une nouvelle compréhension.

Résultats d'apprentissage,

- Comparer et intégrer la nouvelle compréhension avec les connaissances antérieures pour déterminer la valeur ajoutée, les contradictions ou d'autres caractéristiques uniques de l'information.

- Communiquer efficacement les connaissances et les nouvelles compréhensions.

Standard -6 : La personne maîtrisant l'information utilise l'information avec compréhension et reconnaît les questions culturelles, éthiques, économiques, légales et sociales entourant l'utilisation de l'information.

Résultats d'apprentissage,

- Reconnaît les questions culturelles, éthiques et socio-économiques liées à l'accès à l'utilisation de l'information.

- Reconnaît que l'information est sous-tendue par des valeurs et des croyances.

- Respecter les conventions et l'étiquette liées à l'accès et à l'utilisation de l'information.

- Obtenir légalement, stocker et diffuser des textes, des données, des images ou des sons.

Normes de maîtrise de l'information de l'ACRL

Les normes de l'ACRL sont très populaires et largement acceptées et testées dans le monde entier. Elles comprennent les résultats escomptés pour chaque indicateur de performance, qui sont élaborés dans le but de fournir des conseils sur le développement, les méthodes d'évaluation, les instruments et les stratégies permettant de mesurer les résultats d'apprentissage des étudiants. Ces normes peuvent être utilisées pour évaluer les compétences en maîtrise de l'information des enseignants, des bibliothécaires, etc. Les normes sont axées sur les besoins des étudiants de l'enseignement supérieur à tous les niveaux. Les normes énumèrent également une série de résultats permettant d'évaluer les progrès des étudiants en matière de maîtrise de l'information. Outre l'évaluation des compétences de base des étudiants en matière de maîtrise de l'information, le corps enseignant et les bibliothécaires doivent également travailler ensemble pour développer des instruments et des stratégies d'évaluation dans le contexte de disciplines particulières, car la maîtrise de l'information se manifeste dans la compréhension spécifique des processus de création de connaissances, d'activité savante et de publication que l'on trouve dans ces disciplines. En mettant en œuvre ces normes, les institutions doivent reconnaître que différents niveaux de compétences de réflexion sont associés à différents résultats d'apprentissage - et que, par conséquent, différents instruments ou méthodes sont essentiels pour évaluer ces résultats.

Standard One

L'étudiant qui maîtrise l'information détermine la nature et l'étendue de l'information nécessaire.

Indicateurs de performance

\>	L'élève maîtrisant l'information définit et articule le besoin d'information.

\>	L'élève qui maîtrise l'information identifie une variété de types et de formats d'informations potentielles.

des sources d'information.

\>	L'élève qui maîtrise l'information évalue le coût et les avantages de l'acquisition de l'information nécessaire.

\>	L'étudiant qui maîtrise l'information réévalue la nature et l'étendue de son besoin d'information.

Norme deux

L'étudiant maîtrisant l'information accède aux informations nécessaires de manière efficace et efficiente.

Indicateurs de performance

> L'étudiant maîtrisant l'information choisit les méthodes d'investigation ou les systèmes de recherche d'information les plus appropriés pour accéder à l'information requise.

> L'étudiant qui maîtrise l'information conçoit et met en œuvre de manière efficace stratégies de recherche.

> L'élève qui maîtrise l'information recherche des informations en ligne ou en personne en utilisant diverses méthodes.

> L'étudiant qui maîtrise l'information affine la stratégie de recherche, si nécessaire.

> L'étudiant qui maîtrise l'information extrait, enregistre et gère l'information et son contenu.

sources.

Norme trois

L'élève qui maîtrise l'information évalue l'information et ses sources de manière critique et intègre les informations sélectionnées dans sa base de connaissances et son système de valeurs.

Indicateurs de performance

\> L'élève qui maîtrise l'information résume les idées principales à extraire de l'information recueillie.

\> L'élève qui maîtrise l'information articule et applique des critères initiaux pour évaluer à la fois l'information et ses sources.

\> L'élève qui maîtrise l'information synthétise les idées principales pour construire de nouveaux concepts.

\> L'élève qui maîtrise l'information compare les nouvelles connaissances avec les connaissances antérieures pour déterminer la valeur ajoutée, les contradictions ou d'autres caractéristiques uniques de l'information.

\> L'étudiant maîtrisant l'information détermine si les nouvelles connaissances ont un impact sur le système de valeurs de l'individu et prend des mesures pour concilier les différences.

\> L'élève qui maîtrise l'information valide sa compréhension et son interprétation de l'information en discutant avec d'autres personnes, des experts du domaine et/ou des praticiens.

\> L'élève qui maîtrise l'information détermine si la requête initiale doit être révisée.

Standard quatre

L'élève qui maîtrise l'information, individuellement ou en tant que membre d'un groupe, utilise efficacement l'information pour atteindre un objectif spécifique.

Indicateurs de performance

>	L'étudiant qui maîtrise l'information applique des informations nouvelles et antérieures à la planification et à la création d'un produit ou d'une performance particulière.

>	L'étudiant maîtrisant l'information révise le processus de développement du produit ou de la prestation.

>	L'étudiant maîtrisant l'information communique efficacement le produit ou la performance aux autres.

Norme cinq

L'étudiant maîtrisant l'information comprend bon nombre des questions économiques, juridiques et sociales entourant l'accès et l'utilisation de l'information afin d'utiliser l'information de manière éthique et légale.

Indicateurs de performance

>	L'étudiant qui maîtrise l'information comprend bon nombre des questions éthiques, juridiques et socio-économiques qui entourent l'information et les technologies de l'information ( ).

> L'étudiant qui maîtrise l'information respecte les lois, les règlements, les politiques institutionnelles et l'étiquette liés à l'accès et à l'utilisation des ressources d'information.

> L'étudiant qui maîtrise l'information reconnaît l'utilisation de sources d'information dans la communication du produit ou de la performance (ACRL, 2000).

Normes de maîtrise de l'information de l'IFLA

Les normes de l'IFLA sont regroupées sous les trois composantes fondamentales de la maîtrise de l'information.

1. **Accès** - L'utilisateur accède aux informations de manière efficace et efficiente

Définition et articulation des besoins

*   Définit ou reconnaît le besoin d'information

*   Décide de faire quelque chose pour trouver l'information

*   Exprimer et définir le besoin d'information

*   Initie le processus de recherche

Localisation de l'information

*   Identifier et évaluer les sources potentielles d'information

Développer des stratégies de recherche

*   Accéder aux sources d'information sélectionnées

- Sélectionner et récupérer l'information localisée

2. Évaluation - L'utilisateur évalue l'information de manière critique et compétente.

Évaluation de l'information

- Analyser, examiner et extraire des informations

- Généraliser et interpréter l'information

- Sélectionne et synthétise les informations

- Évaluer l'exactitude et la pertinence de l'information récupérée.

Organisation de l'information

- Organiser et classer les informations

- Regroupe et organise les informations récupérées

- Détermine quelle est l'information la meilleure et la plus utile

3. Utilisation - L'utilisateur applique/utilise les informations de manière précise et créative.

Utilisation de l'information

- Trouver de nouvelles façons de communiquer, de présenter et d'utiliser l'information.

• Appliquer les informations récupérées

• Apprendre pour la connaissance personnelle

• Présente le produit d'information

Communication et utilisation éthique de l'information

• Comprend l'utilisation éthique de l'information

• Respecte l'utilisation légale de l'information

• Communiquer le produit de l'apprentissage en reconnaissant la propriété intellectuelle.

• Utilise les normes de style applicables aux remerciements

Normes de l'AASL

Les normes de maîtrise de l'information pour l'apprentissage des élèves fournissent un cadre conceptuel et des directives générales pour décrire l'élève qui maîtrise l'information. Ces normes se composent de trois catégories, de neuf normes et de vingt-neuf indicateurs. Les normes et les indicateurs sont rédigés à un niveau général de sorte que les spécialistes des médias des bibliothèques et d'autres personnes dans divers lieux géographiques peuvent adapter les énoncés pour répondre aux besoins locaux (AASL, 1998).

Norme 1 : l'élève qui maîtrise l'information accède à l'information de manière efficace et effective.

Indicateur 1. Reconnaît le besoin d'information.

Indicateur 2. Reconnaît que des informations précises et complètes sont la base d'une prise de décision intelligente.

Indicateur 3. Formule des questions en fonction des besoins d'information.

Indicateur 4. Identifie une variété de sources potentielles d'information.

Indicateur 5. Développe et utilise des stratégies efficaces pour trouver des informations.

Norme 2 : L'élève qui maîtrise l'information évalue celle-ci de manière critique et compétente.

Indicateur 1. Détermine l'exactitude, la pertinence et l'exhaustivité.

Indicateur 2. Distingue les faits, les points de vue et les opinions.

Indicateur 3. Sélectionne les informations appropriées au problème ou à la question à traiter.

Indicateur 4. Identifie les informations inexactes et trompeuses.

Norme 3 : L'élève qui maîtrise l'information utilise celle-ci de manière précise et créative.

Indicateur 1. Organise l'information pour une application pratique.

Indicateur 2. Intègre de nouvelles informations dans ses propres connaissances.

Indicateur 3. Applique l'information dans la pensée critique et la résolution de problèmes.

Indicateur 4. Produit et communique des informations et des idées dans des formats appropriés.

Norme 4 : L'élève qui est un apprenant indépendant maîtrise l'information et recherche des informations liées à ses intérêts personnels.

Indicateur 1. Recherche des informations relatives à diverses dimensions du bien-être personnel, telles que les intérêts professionnels, l'engagement communautaire, les questions de santé, les activités de loisirs.

Indicateur 2. Conçoit, développe et évalue des produits et des solutions d'information liés à ses intérêts personnels.

Norme 5 : L'élève qui apprend de façon autonome maîtrise l'information et apprécie la littérature et les autres expressions créatives de l'information.

Indicateur 1. Est un lecteur compétent et motivé.

Indicateur 2. Tire un sens de l'information présentée de manière créative dans une variété de formats.

Indicateur 3. Développe des produits créatifs dans une variété de formats.

Norme 6 : L'élève qui est un apprenant indépendant maîtrise l'information et vise l'excellence dans la recherche d'information et la production de connaissances.

Indicateur 1. Évalue la qualité du processus et des produits de la recherche d'informations personnelles.

Indicateur 2. Conçoit des stratégies pour réviser, améliorer et mettre à jour ses propres connaissances.

Norme -7 : L'élève qui contribue positivement à la communauté d'apprentissage et à la société maîtrise l'information et reconnaît l'importance de l'information dans une société démocratique.

Indicateur 1. Recherche des informations à partir de sources, contextes, disciplines et cultures divers.

Indicateur 2. Respecte le principe de l'accès équitable à l'information.

Norme 8 : L'étudiant qui contribue positivement à la communauté d'apprentissage et à la société maîtrise l'information et participe efficacement à des groupes pour rechercher et générer de l'information.

Indicateur 1. Partage ses connaissances et ses informations avec les autres.

Indicateur 2. Respecte les idées et les antécédents des autres et reconnaît leurs contributions.

Indicateur 3. Collabore avec d'autres personnes, en personne et par le biais des technologies, pour identifier les problèmes d'information et chercher leurs solutions.

Indicateur 4. Collabore avec d'autres personnes, en personne et par le biais des technologies, pour concevoir, développer et évaluer des produits et des solutions d'information.

CHAPITRE - 6 : LA MAÎTRISE DE L'INFORMATION EN INDE

Commission nationale de la connaissance de l'Inde

Le gouvernement indien a créé la Commission nationale de la connaissance en juin 2005 avec les objectifs suivants.

" Développer l'excellence du système éducatif pour relever les défis de la connaissance du 21e siècle et accroître l'avantage concurrentiel de l'Inde dans les domaines de la connaissance.

" Promouvoir la création de connaissances dans les laboratoires de S&T.

" Améliorer la gestion des institutions engagées dans les droits de propriété intellectuelle.

" Promouvoir les applications de la connaissance dans l'agriculture et l'industrie.

" Promouvoir l'utilisation des capacités de connaissance pour faire du gouvernement un prestataire de services efficace, transparent et responsable vis-à-vis du citoyen et promouvoir un large partage des connaissances pour maximiser le bénéfice public.

La Commission nationale de la connaissance (NKC) a cinq domaines d'action distincts :

1. Accès à la connaissance : Fournir l'accès aux ressources de la connaissance en renforçant les infrastructures et les réseaux de bibliothèques et d'information, en promouvant et en adoptant la littérature en libre accès, les didacticiels libres et les

logiciels libres.

2. Concepts de connaissance : Développer les capacités intellectuelles et améliorer les compétences professionnelles, y compris les compétences en matière de traitement de l'information des jeunes.

3. Création de connaissances : Assurer l'autosuffisance en matière de création de connaissances ; renforcer les capacités de recherche indigènes dans les domaines de la science, de la technologie et de la médecine ; générer des connaissances pour le développement social.

4. Application des connaissances : Tirer le maximum de bénéfices des actifs intellectuels, en appliquant les connaissances dans des domaines tels que l'agriculture, l'industrie, la santé, l'éducation, etc.

5. Services de connaissances : Rendre la gouvernance et les fonctionnaires du gouvernement plus responsables, transparents et sensibles aux causes des hommes ordinaires.

Loi de 2005 sur le droit à l'information

La loi de 2005 sur le droit à l'information (Right to Information Act) impose de répondre en temps utile aux demandes d'informations gouvernementales formulées par les citoyens. Il s'agit d'une initiative prise par le département du personnel et de la formation, le ministère du personnel, des griefs publics et des pensions pour fournir une passerelle de portail RTI aux citoyens pour une recherche rapide d'informations sur les détails des premières autorités d'appel, des OIP, etc. entre autres, en plus de l'accès aux informations liées au RTI / divulgations publiées sur le Web par diverses autorités publiques sous le gouvernement de l'Inde ainsi que les gouvernements des États (12).

Campagne d'alphabétisation informatique Rashtriya

Actuellement, la technologie de l'information atteint son apogée. Le monde entier est mondialisé grâce à l'informatisation. Le développement de cette technologie permet de catégoriser toutes les phases de la vie. Aujourd'hui, avec l'avènement du courrier électronique et d'Internet, la recherche d'informations se fait du bout des doigts. Les ordinateurs ont changé le traitement de l'information de façon spectaculaire. Pour accélérer le processus visant à faire de l'Inde un pays 100% informatisé, il est essentiel d'amener l'éducation aux technologies de l'information au niveau de la base. Tant que les utilisateurs finaux ne seront pas formés à la bonne façon de manipuler les aides technologiques, nos objectifs ne pourront pas être atteints (13).

Campagne Rashtriya Computer Literacy... La naissance d'une idée

Rashtriya Computer Literacy Drive est une initiative de Sunita Infotech visant à faire de l'Inde un pays 100% informatisé et à diffuser une éducation de qualité sur les technologies de l'information avec une différence.

L'objectif de la mission est de permettre aux individus et aux entreprises de tout le pays de mieux réussir en fournissant des connaissances, des compétences, des solutions et des services grâce à des efforts novateurs et à l'utilisation de technologies appropriées à un coût très abordable. Les frais perçus sont faibles et aideront les secteurs économiquement défavorisés ainsi que le secteur organisé des zones urbaines et rurales respectivement.

Réseau national de connaissances (NKN)

Dans la phase initiale de NKN, les projets suivants ont été entrepris et leur statut est le suivant :

La mise à niveau du NICNET sur 15 sites pour qu'il puisse gérer des gigabits de vitesse a été achevée en décembre 2008. Ces sites sont les suivants : Delhi (Delhi), Chandigarh (UT), Jaipur (Rajasthan), Gandhinagar(Gujrat), Hyderabad (Andhra Pradesh), Bhopal (Madhya Pradesh), Kolkotta (West Bengal), Bhuwaneshwar (Orissa), Mumbai (Maharashtra), Chennai (Tamil Nadu), Guwahati (Assam), Thiruvananthapuram (Kerala), Bangalore (Karnataka), Lucknow (Uttar Pradesh).

La création d'une infrastructure minimale dans 40 institutions (sur 57 institutions) pour se connecter au NKN a été achevée. Ces institutions sont les suivantes IIT-Gandhinagar (Gujarat), IIT-Mumbai (Maharashtra), TIFR Mumbai (Maharashtra), BARC Mumbai (Maharashtra), IIT-Hyderabad (Andhra Pradesh), IIT-Patna (Bihar), VECC Kolkotta (Bengale occidental), IIT Kharagpur (Bengale occidental), IIT - Chennai (Tamil Nadu), IGCAR, Delhi (Delhi), IIT-Guwhati (Assam), IMTEC (Chandigarh), IITM-Pune (Maharashtra), CDAC Pune (Maharashtra), IGIB- JNU (Delhi), IGIB- Okhla (Delhi).

Bibliothèque numérique nationale

Avec l'avènement de la technologie numérique et de la connectivité Internet, le scénario des bibliothèques évolue rapidement. Les données disponibles sous forme physique peuvent être conservées sous forme numérique dans une bibliothèque numérique. Les bibliothèques numériques ont la capacité d'améliorer l'accès à l'information et à la connaissance. Elles permettent également de surmonter les barrières du temps et de l'espace. La bibliothèque numérique nationale est une initiative prise par le gouvernement indien pour créer la bibliothèque numérique de l'Inde. Le projet est en cours et les activités principales de ce projet sont les suivantes. Mise en place de méga-centres et de centres de numérisation en collaboration avec l'IISc, Bangalore et l'Université Carnegie Melon, USA.

Dans le cadre du programme de collaboration, des scanners ont été fournis à ces centres par la CMU, aux États-Unis, au titre du programme de bibliothèque numérique universelle Million Book. L'Indian Institute of Science, Bangalore, coordonne ce programme. Les données numériques générées par ces centres de numérisation dans le cadre de cette activité sont accessibles sur le site Web "Digital Library Initiatives" http://www.new.dli.ernet.in. Ce site, en plus des centres de numérisation susmentionnés, contient des données provenant d'autres centres de numérisation qui ont été soutenus par l'IISc, Bangalore/CMU, États-Unis. **(Deshpande et Dhakole, 2011)**

CHAPITRE - 7 : NÉCESSITÉ DE LA MAÎTRISE DE L'INFORMATION

La maîtrise de l'information est nécessaire pour une utilisation, une consommation et une évaluation efficaces des ressources d'information disponibles dans les institutions. La maîtrise de l'information peut également combler le fossé numérique que nous observons dans de nombreuses initiatives de base en Inde sous la forme de "centres de connaissances villageois", de "centres d'information communautaires", de "e-choupals", de "gyandoot", etc. mis en place avec la participation d'ONG, d'agences de développement et d'entreprises. La maîtrise de l'information fait de la création et de la génération de nouvelles connaissances une réalité (Ghosh et Das, 2006). Les objectifs de la maîtrise de l'information sont les suivants

- Tirer le maximum de bénéfices des actifs intellectuels,

- Améliorer la productivité dans les différents secteurs sociaux, et

- Rendre les fonctionnaires plus responsables et plus transparents, assurer une diffusion cohérente des connaissances dans la société, ce qui est essentiel dans la société actuelle.

Une enquête de Yongling (2004) met en évidence l'importance des exigences envers l'information, soulignant que les informations de mauvaise qualité, périmées, inexactes ou incomplètes posent problème, principalement parce que les agriculteurs ne peuvent pas faire la distinction entre les "bonnes" et les "mauvaises" informations, ce que l'auteur associe principalement à un faible niveau d'éducation. Ce problème est complexe et, en tant que tel, il inclut l'une des questions centrales de la gestion de l'information en général : celle de la maîtrise de l'information.

Il est clair que la maîtrise de l'information requiert et exige plusieurs compétences de la part des citoyens du monde numérique. Jamais auparavant dans l'histoire de l'humanité, ces compétences n'ont été attendues de tous ; ces attentes concernent généralement les membres de l'élite intellectuelle (Rab, 2008).

Ainsi, le développement de la maîtrise de l'information n'implique pas seulement l'utilisation d'outils techniques mais aussi le développement d'un mode de pensée visant à la réalisation consciemment planifiée d'intérêts. Puisque la maîtrise de l'information consiste à prendre conscience du manque d'information, à la chercher, à la localiser et à la traiter, puis à l'utiliser de manière responsable, il est évident que son développement inclut également celui de la pensée critique (Andreopoulou, et al 2014).

Akanda & Roknuzzaman (2012) ont enquêté sur la maîtrise de l'information agricole de 160 agriculteurs dans la région nord du Bangladesh. L'enquête montre que les agriculteurs ont besoin d'informations à diverses fins d'activités agricoles, et qu'ils utilisent différentes sources et médias pour accéder à ces informations.

RÉSUMÉ

M. Paul Zurkwaski a défini la maîtrise de l'information comme suit : "pour être maîtresse de l'information, une personne doit être capable de reconnaître quand l'information est nécessaire et avoir la capacité de localiser, d'évaluer et d'utiliser efficacement l'information nécessaire" (ALA, 1989). Plusieurs normes et modèles ont été élaborés pour différentes catégories afin d'évaluer leur niveau de maîtrise de l'information, par exemple pour les enseignants, les étudiants, les employés, etc. et des recherches supplémentaires sont nécessaires pour élaborer un modèle approprié pour la formation et le développement des agriculteurs et autres communautés rurales afin qu'ils maîtrisent l'information. Les normes de maîtrise de l'information qui ont été développées pour évaluer la maîtrise de l'information fournissent des directives pour construire des programmes de maîtrise de l'information et les résultats attendus après avoir suivi une telle formation.

Références

AASL (1998). Information literacy standards for student learning : standards and indicators. Chicago : Association américaine des bibliothécaires scolaires. Consulté [17 janvier 2010] http:// www.ala.org/ ala/aasl/ aaslproftools/informationpower/ InformationLiteracyStandards_final.pdf.

ACRL (Association of college and research libraries) (2000) Information Literacy, consulté le [17 janvier 2008] http://www.ala.org/ala/acrl.

ACRL. (2000). Advancing Learning Transforming Scholarship. Consulté le [12 juin 2011]www.ala.org:http://www.ala.org/acrl/standards/informationliteracycompetency z#useofst

Andreopoulou, Z., Samathrakis, V., Louca, s., &Vlachopoulou, M. (2014). E-Innovation pour le développement durable des ressources rurales pendant la crise économique mondiale, Eds. IGI Global. USA, pp. 36-46.

Barefoot, B. (2006). Bridging the chasm : first-year students and the library. Chronicle of Higher Education, 52 (20) B16.

Bawden, D. (2001). Information and Digital Literacies ; A review of concepts. Journal of Documentation, 57(2), 218-259.

Bell S. (1986). Planification et exploitation des systèmes d'information dans les pays moins développés. Journal of Information Science, 12(5), 231-245.

Bhatnagar, S. (2000). Implications sociales des technologies de l'information et de la communication dans les pays en développement : Lessons from Asian success stories. EJISDC, 1(4), 1-9.

Bond, T. (2011) Modèle SAUCE de maîtrise de l'information. Consulté [18 mai 2013] http://ictnz.com/index.htm.

Boon, A. J. (1992). Information et développement : Quelques raisons d'échec. Information Society, 8(3), 227-241.

Bruce, C. (s.d.). Les sept visages de la maîtrise de l'information. Consulté [21 avril 2012]   www.christmebruce.com.au:http://www.christmebruce.com.au/mformed-learnmg/ seven- faces-of-information-literacy-in-higher-education.

Bundy, A. (2004). Cadre de maîtrise de l'information en Australie et en Nouvelle-Zélande. Australie, South Astralia : Library Publications University of South Australia, pp. 1-52.

Camble, E. (1994). The information environment of rural development workers in Borno State, Nigeria. African journal of library, archives and information science 4(2) October : pp. 99-106.

CILIP   (2011).   Information   literacy   :   definition.   Disponible   sur   : http://www.cilip.org.uk/get   involved/advocacy/information-literacy/pages/definition.aspx(Consulté le 17/05/ 2012).

Danappa P. (2016). Information Literacy among rural community a study of

Hyderabad Karnataka region (Doctoral thesis). Kalaburgi : Université de Gulbarga.

Deshpande, S. M., & Dakhole, P. S. (2011). Information Literacy : Government Policies and Initiatives in India. 8th Calibre international : Inflibnet.Goa, pp. 404-416.

Ghosh, S.B., & Das, A. K. (2006). Information literacy initiatives in India with special reference to emerging knowledge economy. Dans International Conference on Information Literacy (ICIL 14-15, juin 2006), Kuala Lumpur, Malaisie, pp. 1-11.

Gouvernement de l'Inde, (2014). Ministère du développement rural. Consulté [12 janv. 2014] sur rural.nic.in : http://rural.nic.in/sites/programmes-schemes.asp.

Horton, F. W. (2013). Aperçu des ressources d'information dans le monde. UNESCO, pp. 1-223.

Kamba, M. A. (2009). Access to Information : Le dilemme du développement des communautés rurales en Afrique. 7e conférence internationale : GLOBELICS 2009, Georgia Institute of Technology, 6-8 octobre. Consulté [21 nov. 2013] sur le site http://hdl.handle.net/1853/36694.

Loertsue, D.V. (1999). Information Literacy. San Jose : Hiwillow Research and Publish.

Morris, B. J. (1988). Modèle de processus de recherche de Stripling et Pitts. Consulté [18 juin 2013] http://drbmorris.weebly.com/stripling--pitts-research-process.html.

Rab, A. 2008. Digital culture - Digitalised culture and culture created on a digital platform In : La société de l'information de la théorie à la pratique politique.

Coursebook. Pinter R. ed. Gondolat - UjMandâtum, Budapest, pp. 183-201.

SCONUL. (2011). les sept piliers de la maîtrise de l'information. Consulté [29 avril 2013]http://www.sconul.ac.uk/groups/information literacy/seven_pillars.html.

Yongling, Z. 2004. Information service in rural China field surveys and findings. Bangkok : FAO. Consulté [23 mai 2015] www.fao.org.

Zheng, Y. (2007). A structurational conceptualization of Information Literacy : Réflexions sur la recherche en Afrique du Sud rurale. Actes de la Conférence européenne sur les systèmes d'information (ECIS) 2007, p.178.

Zheng, Y. (2007). A structurational conceptualization of Information Literacy : Reflections in research in rural south africa. European Conference on Information System (ECIS), UK : Association for Information System. pp. 2221-2232.

Soni Stella Lifelong Learning - Education et formation FIG Working Week 2012 savoir gérer le territoire, protéger l'environnement, évaluer le patrimoine culturel Rome, Italie, 6-10 mai 2012

Conner, M. 2009, Introducing Informal Learning, Marcia Conner, consulté le 30 septembre 2010.

Whyte, C. B., 1978, Effective Counseling Methods for High-Risk College Freshmen. Measurement and Evaluation in Guidance.6 (4) 198-200.

Deshpande, S. M., & Dhakole, P. S. (2011). Information Literacy : Government Policies and Initiatives in India. Calibre international. Goa : INFLIBNET.

More
Books!

Printed by Books on Demand GmbH, Norderstedt / Germany